Aron, Nora und die Filo-Sophie 1

Weiterdenkgeschichten
für die Unterstufe

von Laura Lüscher
mit Illustrationen von Mo Richner

Lehrmittelverlag des Kantons Zürich

Autorin
Laura Lüscher

Illustratorin
Mo Richner

Projektbegleitung
Hans Lieberherr

Expertin/Experte
Regine Fretz
Hans Ruedi Kilchsperger

Berater
Ueli Fischer
Hans Lieberherr
Hansjörg Steiner

Grafische Gestaltung
as werbung ag

Projektleiter Buchherstellung
Jakob Sturzenegger

1. Ausgabe 2008
Printed in Switzerland
ISBN 978-3-03713-222-7
www.lehrmittelverlag.com

Inhaltsverzeichnis

Einführung

Aron und Nora wohnen in einer grossen Siedlung am Rande der Stadt.
Ihre Mütter sind miteinander befreundet. Sie haben sich auf dem Spielplatz kennen gelernt, während Aron und Nora als kleine Kinder dort miteinander spielten.

Eine Zeit lang hüteten die beiden Mütter gegenseitig die Kinder.
Eines Tages trennten sich Arons Eltern. Arons Vater zog aus.
Seither muss Arons Mutter Geld verdienen. Sie serviert in einem Restaurant.
Aron verbringt deshalb viel Zeit allein oder bei Nora zu Hause.

Aron und Nora gehen in dieselbe Klasse. Sie sind deshalb auch auf dem langen Schulweg zusammen.

Aron ist ein eher stiller, aber feinfühliger Junge.
Wenn er sich wohlfühlt, redet er gern.
Am liebsten redet er über das Fliegen.
Aron träumt davon, Pilot zu werden.
Darum lernt er in der Schule sehr pflichtbewusst. Er weiss, dass er gute Noten braucht, um seinen Traum zu verwirklichen.
Die Trennung der Eltern ist für Aron ein grosser Schmerz.
Der Traum vom Fliegen gibt ihm Kraft.
Aron ist sehr selbstständig, weil er viel allein zurechtkommen muss.
Er denkt gerne nach, weiss viel und findet auf viele Fragen eine Antwort.
Manchmal ist er traurig.
Aron hat keine Geschwister. Aber er fühlt sich wohl in Noras Familie.
Am wohlsten fühlt er sich mit Nora.
Sie kennt ihn wie niemand sonst.
Bei ihr darf er sein, wie er ist.

Nora lebt mit ihrer Familie im selben Block wie Aron.
Sie hat zwei Geschwister. Colin ist vier Jahre älter, Angela ist zwei Jahre jünger als Nora.
Nora ist lebenslustig, hat tausend Ideen und selten Ordnung.
Sie findet sich mühelos in jeder Gruppe zurecht.
Noras Kindheit verläuft lange Zeit unbeschwert. Erst als sie älter wird, passiert es, dass ihr Vater seine Arbeit verliert. Noras Familie leidet unter dieser Situation. Häufig wird in der Familie das Geld knapp. Nora muss zunehmend im Haushalt helfen.

Nora weiss fast für jedes Problem eine Lösung.
Nur ihre Unordnung bekommt sie nicht in den Griff. Das ist ihr allerdings auch nicht besonders wichtig.
Sie schreibt wunderbare Aufsätze.
Aber die Fehler sieht sie selten.
Dafür hat sie Aron.
Er achtet darauf, dass Nora alles für die Schule richtig vorbereitet hat.
Er korrigiert ihre Aufgaben.
Nora vertraut Aron ihre Geheimnisse an.
Sie weiss, dass er nichts ausplaudern wird.
Er ist ihr zuverlässigster Freund.
Um ihn ist sie sehr froh.

In derselben Siedlung wohnt auch Toni.
Er führt mit einem Freund einen kleinen Buchladen in der Stadt. Das Geschäft geht mehr schlecht als recht. Toni ist ein guter Berater, aber nicht unbedingt ein guter Verkäufer. Oft berät er die Kundinnen und Kunden ausführlich. Sie bedanken sich dafür freundlich, kaufen aber nichts. Das gewünschte Buch holen sie sich dann in der Bibliothek, die in ihrer Nähe liegt.
Toni lebt allein mit seinem Hund Dega. Jeden Abend geht er mit ihm am Fluss spazieren. So haben ihn Aron und Nora kennen gelernt.
Meistens freut er sich, die Kinder zu sehen.
Toni ist manchmal verliebt.
Und manchmal ist er unglücklich verliebt.
Dann mag er nicht viel reden.
Sonst aber ist er den Kindern ein guter Freund.
Er nimmt Fragen von Kindern sehr ernst.
Er weiss manchmal Rat, wenn niemand weiterweiss.
Vor allem aber versteht er es, bei schwierigen Fragen eine Antwort zu suchen.
Toni ist ein Mensch, wie alle Kinder einen brauchen könnten.
Allerdings gibt es Menschen, die wie Toni zu Kindern freundlich sind, es aber mit ihnen letztlich nicht gut meinen.
Nun, Toni ist wirklich ein Freund, auf den Verlass ist.

Ausserhalb der Stadt, am Rand eines Dorfes, wohnt Noras Tante Lorena.
Sie lebt in einem alten Holzhaus und hat einen grossen Garten. Sie stellt aus Heilkräutern Salben und Tinkturen her, die sie in einem Laden verkauft. Ausserdem malt sie Bilder.

Sie fährt ein altes klappriges Auto. Aron hört dieses Auto aus allen andern Autos heraus.
Lorena ist eine wunderbare Frau. Erwachsene finden sie manchmal etwas schrullig.
Aber die Kinder lieben sie.
Es gibt nichts Schöneres, als bei Lorena die Ferien zu verbringen. Da darf man nämlich vieles, was zu Hause verboten ist: barfuss laufen den ganzen Tag, auf Bäume klettern, sich in schmutzigen Pfützen wälzen und mit den Händen Spaghetti essen. Sogar im nahen Wald spielen ist erlaubt. Jedenfalls bis zur Dämmerung.
Lorena erzählt gern Geschichten. Sie kann aber auch gut zuhören. Und sie hat Zeit.
Aron und Nora reden gern mit Lorena.
Sie fühlen sich von ihr ernst genommen.
Ausserdem hat Lorena manchmal wundersame Ideen, wie man das Leben betrachten könnte.

Eine besondere Figur spielt eine wichtige Rolle.
Eine Figur, die in den Geschichten selber nicht vorkommt.
Aber an den Geschichtenrändern taucht sie auf: die Filo-Sophie.
Sie ist ein kleines, schlaues und witziges Wesen. Sie schaut und hört bei allen Geschichten genau hin und stellt sich dabei unzählige Fragen.
Wenn Kinder mehr Zeit hätten, würden sie sich oft die gleichen Fragen auch stellen.
Nun, die Filo-Sophie hat Zeit.
Und stellt Fragen.
Und schafft dadurch Gelegenheiten, hinzuschauen, nachzudenken und weiterzudenken.

Die Mohnblumen

Nora läutet Sturm.
Mit grimmigem Gesicht steht sie vor Arons Wohnungstür.
Aron lässt den Rest seines Mittagessens stehen. Er packt seine Schultasche und macht sich mit Nora auf den Weg.
Beide Kinder wohnen in derselben Siedlung, am Rande der Stadt.
Sie gehen in dieselbe Klasse.
Auf dem Schulweg sind sie deshalb fast immer zusammen.

«Was ist los?», fragt Aron, als beide das grosse Gebäude verlassen.
«Nichts!», sagt Nora trotzig.
«Stimmt nicht!», sagt Aron.
«Du warst viel zu früh da. Sonst muss immer ich auf dich warten.»
Nora schweigt.
Nach einer Weile erst kann sie reden: «Es war heute ganz schlimm zu Hause! Colin war frech, Angela hat ihren Sirup ausgekippt und mir ist die Pfanne mit der Tomatensauce hinuntergefallen. Da ist meine Mutter ausgeflippt. Sie hat getobt und geschrien: ‹He, ich habe heute alles geputzt! Und nun schaut mal diese Schweinerei an! Wozu bin ich eigentlich auf der Welt?›»

«Und dann?», fragt Aron.
«Dann habe ich gesagt:
Du bist da, um für uns zu putzen.
Das ist schliesslich dein Job.»
«Auweia!», sagt Aron.
«Da ist sie ganz still geworden.
Sie hat sich hingesetzt und hat
angefangen zu weinen.

Da habe ich Angst bekommen. Ich habe einfach meine Schultasche gepackt und bin weggerannt. Ich glaube, ich kann nie wieder nach Hause gehen!»

«Warum nicht?»
«Ich war so gemein!»
«Vielleicht hat sie sich bis nach der Schule wieder beruhigt», meint Aron.
«Nein, ich glaube, das war zu viel! Ich habe meine Mutter auch schon wütend gesehen. Aber weinen noch nicht. Ich hätte nicht so reden dürfen. Mütter sind schliesslich nicht nur zum Putzen da, oder?»

«Richtig. Sie kochen auch noch, waschen, kaufen ein und kontrollieren dich, ob du pünktlich ins Bett gehst», ergänzt Aron munter.
«Ich meine nicht das», erwidert Nora gereizt. «Mütter sind doch nicht nur auf der Welt, um das alles zu machen?»
«Wozu sind sie sonst noch auf der Welt?», fragt Aron.
«Das weiss ich nicht genau», überlegt Nora. «Meine Mutter macht eigentlich fast nichts anderes als zu Hause arbeiten. Für die ganze Familie. Und wird dafür nicht mal bezahlt. Nur am Samstag hilft sie in der Bäckerei aus, und damit ist die Woche um.»

Nun taucht das Schulhaus vor ihnen auf. Als die beiden den andern Schulkindern begegnen, vergessen sie für den Augenblick, was passiert ist.

Auf dem Heimweg fällt Nora die Geschichte wieder ein. Da will sie gar nicht erst nach Hause gehen. Sie trödelt vor sich hin.
«Was soll ich denn meiner Mutter sagen?», fragt sie.
Aron will Nora helfen. Aber Nora zweifelt daran, ob ihre Mutter überhaupt mit sich reden lässt.
Vor der Haustüre ihres Wohnblocks begegnen sie Toni.
Toni führt in der Stadt mit einem Freund einen kleinen Buchladen. Manchmal kommt er nachmittags früher nach Hause. Dann unternimmt er lange Spaziergänge mit seinem Hund Dega. Auch heute führt er den Hund an der Leine, um mit ihm loszuziehen.
Die Kinder begleiten Toni öfters. Er ist ihr Freund. Für Nora ist es ein Glück, ihm zu begegnen.
«Dürfen wir mitkommen?», fragt sie sofort.
«Na klar dürft ihr. Aber fragt zuerst zu Hause nach!», meint Toni gelassen.
«Meine Mutter arbeitet eh, da muss ich nicht fragen», meint Aron.
«Ich ... ehm ... muss heute auch nicht fragen», stottert Nora. Sie ringt nach passenden Worten.
Toni schüttelt den Kopf.
«Was ist los, Nora?», fragt er.
«Weisst du», meint Nora, «das ist eine ziemlich schwierige Geschichte. Könntest du nicht mit deinem Handy jetzt meine Mutter anrufen und ihr sagen, dass ich etwas später nach Hause komme? Sag ihr, dass ich noch etwas Wichtiges erledigen muss ... und sag ihr, dass ich sie lieb habe.» Nora seufzt tief.
«Erzählst du mir dann deine Geschichte?», fragt Toni.
«Ja», sagt Nora.

Toni schüttelt zuerst den Kopf.
Er überlegt eine Weile und nimmt dann sein Handy aus der Tasche. Aber er geht einige Schritte von den Kindern weg. Sie hören nicht, was er zu Noras Mutter sagt. Das ist Nora auch lieber so.
Erleichtert atmet sie auf, als Toni sein Handy wieder einsteckt und ihnen winkt, mit ihm zu kommen. Der Weg führt von der Strasse weg, zum Waldrand hinauf und von dort hinunter an den Fluss. Unterwegs erzählen die Kinder Toni vom Vorfall mit Noras Mutter.
«Das war kein Streit», sagt Nora am Schluss, «das war viel schlimmer. Und ich war so gemein.»
«Was hast du jetzt vor?», fragt Toni.
«Ich möchte meiner Mutter sagen, dass es mir leidtut, was ich gesagt habe. Und dass ich beim Putzen einmal helfen könnte. Dann hätte sie Zeit für etwas, das ihr Freude macht. Ist es nicht sehr langweilig, immer nur zu arbeiten?»

«Ich weiss es nicht», sagt Toni. «Jeder Mensch hat Aufgaben, die ihm keinen Spass machen, die aber einfach erledigt werden müssen.»
«Und ist man nur dazu auf der Welt? Zum Arbeiten? Ist das alles?», fragt Nora. «Dann möchte ich nie erwachsen werden. Ich muss zwar zur Schule, aber daneben habe ich eine Menge freie Zeit zum Spielen. Ich würde nie nur arbeiten wollen.»

«Wozu möchtest du denn auf der Welt sein?»
«Das weiss ich noch nicht genau. Auf jeden Fall will ich etwas tun, das ich gerne mache.»
Alle drei gehen hintereinander schweigend dem Fluss entlang.
«Ich will Pilot werden!», sagt Aron plötzlich. «Fliegen, fliegen, fliegen! Dazu bin ich auf der Welt.»

«Das scheint mir ein guter Grund dafür, auf der Welt zu sein», meint Toni. «Hast du noch mehr Gründe?»
«Mmh», meint Aron, «ich weiss nicht.»
«Jetzt fliegst du ja noch nicht», sagt Toni. «Gibt es für dich auch jetzt schon gute Gründe dafür, auf der Welt zu sein?»
«Ich weiss nicht recht. Das ist wohl immer wieder anders. Gerade jetzt bin ich auf der Welt, um Nora zu trösten. Aber heute Abend gibt es Pizza. Mein Lieblingsessen. Meine Mutter bringt eine von der Arbeit nach Hause. Dann bin ich da, um mit ihr die Pizza zu geniessen. – Wozu bist du auf der Welt, Toni?»
«Ich bin dazu da, meinen Laden zu führen. Und um Menschen, die dort zu mir kommen, richtig zu beraten. Damit sie wirklich tolle Bücher lesen können. Das ist manchmal anstrengend. Der Laden läuft nicht immer gut. Diese Aufgabe hat mir niemand aufgetragen. Die habe ich ganz selber gewählt.»
Toni denkt eine Weile nach.
«Ich liebe es, mit Dega dem Fluss entlangzugehen. Dazu bin ich auch da. Um Musik zu machen, bin ich da. Und um mit guten Freunden zusammenzusitzen.
Und manchmal, vielleicht, um etwas verliebt zu sein.»
Er schmunzelt.
Plötzlich sieht Nora am Wegrand Mohnblumen. Leuchtend rote. Eine ganze Menge.
Ihr Gesicht hellt sich auf:
«Mohnblumen! Schaut mal! Die mag meine Mutter am liebsten. Ich bringe ihr welche. Da freut sie sich, das weiss ich!»
Sie beginnt, einen Strauss zu pflücken.
Die andern pflücken auch einige Blumen und geben sie Nora.
Dann machen sie sich auf den Heimweg. «Jetzt bin ich dazu da, meiner Mutter einen schönen Strauss zu bringen!», sagt Nora und lacht.
Bevor die drei aber die Hauptstrasse erreichen, schaut Nora entsetzt auf ihren Strauss. «Die ersten Blumen welken ja bereits», ruft sie. «Oh weh! Wir müssen uns beeilen!»
«Ja, beeil dich», sagt Toni, «Mohnblumen halten nicht lange. Schau, dass sie schnell Wasser bekommen. Und hast du gesehen, dass es noch viele Knospen in deinem Strauss hat? Manchmal, wenn du Glück hast, öffnen sich diese später auch noch.»

«Die Hauptsache ist, dass Mama weiss, dass ich sie lieb habe», ruft Nora glücklich. Sie birgt ihren Strauss im rechten Arm, schützt ihn mit der linken Hand und beginnt so schnell zu rennen, dass ihre Haare im Wind fliegen.

Die andern beiden schauen ihr schmunzelnd nach. Sie nehmen es jetzt gemütlicher.
«Bist du immer gern auf der Welt?», fragt Aron nach einer Weile.
Toni überlegt. «Nein», sagt er dann. «Es gibt Zeiten, da finde ich das Leben sehr schwierig.

Ich musste schon ein paar Mal mein Geschäft beinahe verkaufen, weil ich nicht genug dabei verdiente. Es gibt auch Momente, da fühle ich mich allein, ohne Familie. Da frage ich mich dann: Wozu bin ich eigentlich auf der Welt?»
«Und? Was denkst du dann, wozu du auf der Welt bist?»

«Ganz ehrlich gesagt, Aron, in solchen Momenten weiss ich es nicht. Aber ich denke, dass solche Zeiten zu unserem Leben dazugehören. Wir können sie nicht umgehen. Es ist dann nicht einfach, zu glauben, dass es trotzdem Sinn hat, zu leben. Man sieht den Sinn nicht und hofft doch, dass er da ist. Kannst du dir das vorstellen?»
Aron nickt: «Ja, ich glaube schon», sagt er. «Seit mein Vater weg ist, habe ich auch keine richtige Familie mehr», fügt er hinzu, während er den Himmel absucht.
Nach Flugzeugen.

Engel an Weihnachten

Es ist Heiligabend.
Noras Familie sitzt beim Nachtessen.
Vater, Mutter, Nora, ihr älterer Bruder Colin und ihre jüngere Schwester Angela.
In der ganzen Wohnung riecht es nach Pommes frites und Bratensauce.
Die Kerzen am Weihnachtsbaum brennen noch.
Die Stube ist dekoriert mit selbst gebastelten Sternen und Engeln.

«Ich möchte einmal einen Engel sehen!», ruft Angela plötzlich. «Einen richtigen Engel! Nicht nur einen aus Papier oder auf einem Bild.»
Am Tisch wird es still. Fast feierlich. Niemand lacht.
«Du hast doch dieses Jahr den Engel gespielt. An der Weihnachtsfeier in deiner Klasse», sagt der Vater.
«Das hast du gut gemacht. Wie du den Hirten von Jesus erzählt hast.»
«Ja, genau. Aber in meinem Liederbuch ist auch ein Engel abgebildet. Und der bringt den Kindern an Weihnachten Geschenke. Ist das derselbe?»
«Ich weiss, welchen Engel du meinst», sagt Nora. «Das ist der mit dem weissen Kleid und den langen blonden Haaren. Als ich kleiner war, habe ich immer gehofft, ihn einmal zu sehen, wenn er in der Nacht kommt und die Geschenke bringt.»
«Aber ist das derselbe wie der, den ich gespielt habe? Das kann ich mir nicht vorstellen», sagt Angela.
«Ich glaube auch nicht, dass das derselbe ist», meint der Vater nach einer Weile. «Der Engel mit den

Geschenken kommt mir fast ein wenig vor wie eine Märchenfee. Die einen sagen diesem Engel Christkind. Andere sagen ihm vielleicht Weihnachtsengel.»
«Das heisst, es gibt ihn nicht wirklich?», fragt Angela.
«Das würde ich so nicht sagen», meint ihre Mutter. «Es gibt ihn vielleicht nicht genau so wie im Bilderbuch. Aber an Weihnachten ist für mich immer eine andere Stimmung als sonst. Etwas Geheimnisvolles schwingt mit. Ich glaube, dass es Engel gibt, die uns dann manchmal ganz nahe sind.»

«Kann man die sehen?», fragt Angela weiter.
«Das weiss ich nicht genau», erwidert die Mutter. «Ich weiss aber von Menschen, die schon Engel gesehen haben.»
«Ich glaube, es gibt Schutzengel. Die beschützen uns, wenn es gefährlich wird», sagt Nora.

Jetzt mischt sich Colin ins Gespräch. Er ist vier Jahre älter als Nora und sechs Jahre älter als Angela. Er hebt die Hände und sagt mit einer feierlichen Stimme wie in einem Theater: «Angela, es ist ganz einfach: Engel sind Wesen von einem andern Planeten.
Sie kommen uns hier besuchen, seit Hunderten von Jahren.
Wir wissen ganz wenig von ihnen – sie aber wissen alles über uns.

Vielleicht kommen sie mit UFOs zu uns und landen hier, genau vor unserem Haus, auf dem Spielplatz. Immer an Weihnachten.»
Colin verdreht die Augen.
Alle lachen.
Natürlich glaubt Angela das mit den UFOs nicht.
Aber einen Engel würde sie zu gern einmal sehen.

Es ist spät am Abend.
Angela steht am Fenster und schaut fasziniert auf die vielen Lichter in den Wohnblöcken rundherum.
Die Weihnachtsfeier mit ihrer Familie ist beendet.
Die Geschenke sind ausgepackt.
Die Kerzen am Weihnachtsbaum sind heruntergebrannt.
Nun ist es ruhig geworden.
Die Eltern sitzen vor dem Fernseher.
Colin testet das Computerspiel, welches er zu Weihnachten bekommen hat. Nora hat sich neben ihrem neuen Kickboard ins Bett gelegt.
Angela hat bis vor Kurzem auch im Bett gelegen.
Aber als sie annehmen kann, dass ihre grosse Schwester eingeschlafen ist, schleicht sie leise ans Fenster.
Jetzt steht sie da und späht hinaus.
Sie denkt zurück an das Weihnachtsspiel.
Als sie den Engel spielen durfte.
Es war ganz feierlich.
Aber sie fühlte sich sonst nicht als Engel.

Sie denkt nach:
Engel sind sicher immer lieb.
Vielleicht auch sehr ernsthaft.
Sind Engel eher wie Männer oder wie Frauen?
Oder gleichen sie kleinen Mädchen mit Lockenköpfen? Wie sie manchmal auf alten Bildern gemalt sind. Angela möchte das zu gerne wissen.

Heute will sie einen Engel sehen.
Falls es welche gibt, ist jetzt – an Weihnachten – sicher der beste Augenblick dazu.
Und dieses Geheimnis will sie dann für sich behalten.
Der Himmel ist grau verhangen.
Nur ein Hauch von Schnee liegt auf den Dächern der Häuser und unten auf dem Spielplatz.
Da und dort steht ein mit Lichtern geschmückter Baum.
Vorsichtig öffnet Angela das Fenster.

Draussen ist es sehr kalt. Und still. Rauch steigt aus den Kaminen. Niemand ist zu sehen um diese Zeit. Eine gute Zeit für Engel, denkt Angela.

Schützend hüllt sie sich in den Vorhang. Sie schaut in die Nacht hinaus.
Lange passiert gar nichts.
Mit den Augen sucht Angela den Himmel ab. Von hier bis weit hinten zum dunklen Wald. Es ist bitterkalt draussen. Schnee hat es nur ganz wenig in diesem Jahr. Aber an manchen Orten ist der Boden vereist.
Plötzlich nähert sich ein Auto.
Oder sind es zwei?
Sie kurven von zwei Seiten her durch die schmale Strasse zwischen den Häuserblocks. Da gerät der eine Wagen auf dem Eis ins Schleudern. Der andere Wagen kann nicht rechtzeitig bremsen.

Es geht alles ganz schnell.
Die Reifen quietschen. Es gibt einen Knall. Dann ist es einen Moment lang still.
Aus jedem Auto steigt ein Mann.
Sie schimpfen laut. Sie sind wütend: «Können Sie nicht aufpassen?» – «Sie sind gefahren wie ein Henker!» – «Haben Sie denn keine Augen im Kopf?»
So geht das eine Weile hin und her.
Mit der Stille ist es nun vorbei.
Im unteren Stock öffnet sich ein Fenster: «Können Sie nicht ruhig sein da unten?
So kann man ja nicht schlafen!»

Plötzlich spürt Angela eine Hand auf ihrer Schulter: «Was machst denn du da am offenen Fenster?», fragt Nora. «Und was soll der Lärm da draussen?»
«Ich wollte einen Engel sehen», erwidert Angela aufgeregt. «Aber da unten sind zwei Autos zusammengestossen. Seither haben die Männer dort Streit miteinander.»
«Oh», sagt Nora. Sie sperrt das Fenster nun weit auf. «Das will ich auch sehen.»
Die Kinder hören deutlich, wie sich die Männer gegenseitig die Schuld zuschieben. Die Frau im unteren Stock ruft etwas von «Polizei holen».
Da packt der eine Mann den andern an den Schultern und schüttelt ihn: «Wenn Sie eine Beule an Ihrem edlen Auto haben, kann Ihnen das egal sein. Sie sind ja nicht arbeitslos wie ich.»
Der andere Mann stösst ihn weg: «Ob Sie Arbeit haben oder nicht, ist mir gleichgültig. Sie bezahlen mir den Schaden.»

Nun wird es Nora zu dumm: «Hören Sie auf zu streiten!», schreit sie wütend hinunter. «Was machen Sie für ein Geschrei! Und alles wegen einer lächerlichen Beule!»
Da halten die beiden Männer inne. Sie schauen sich erstaunt um. Sie können die Mädchen am dunklen Fenster nicht sehen.
«Kinder gehören längst ins Bett», ruft nun der eine Mann.
«Was macht ihr eigentlich um diese Zeit noch draussen?»
«Wir wollen einen Engel sehen», ruft Angela hinunter,
«aber bei diesem Krach kommt bestimmt keiner.»

Jetzt ist es einen Moment lang still. Die Männer schauen sich ratlos an. Einer streicht verlegen über sein Auto.
«Tja», sagt er dann nach einer Weile, «vielleicht sollten wir jetzt aufhören herumzuschreien. Das bringt ja nichts.»
Auch der andere gibt nach: «Sie haben recht. Wir sollten das alles in Ruhe besprechen. Mmh ... ich wohne da drüben. Am besten stellen wir die Autos auf den Parkplatz und reden im Haus weiter.»
Die beiden steigen in ihre Autos und fahren zum nahe gelegenen Parkplatz.
Es wird wieder ruhig.
Die Frau im unteren Stock schliesst das Fenster.

«Denen haben wirs gezeigt», stellt Nora zufrieden fest. Sie schliesst das Fenster ebenfalls. Sie wickelt ihre frierende kleine Schwester aus dem Vorhang und nimmt sie in die Arme: «Sei nicht traurig wegen des Engels. Vielleicht sehen wir ein anderes Mal einen Engel.»
«Oh», sagt Angela schmunzelnd. Und ihre Augen funkeln dabei. «Gesehen habe ich zwar keinen.

Aber vielleicht war doch einer da. Ich hatte ein Gefühl, als ob einer in der Nähe wäre.»
«Es ist immerhin nichts Schlimmes passiert», sagt Nora. «Ob ein Schutzengel dabei war?»
«Ich denke schon», meint Angela und gähnt leise.

Diese Nacht kuscheln sich beide Mädchen zusammen in dasselbe Bett.
Wie früher.

Die Schnecke Corrado

Es hat den ganzen Morgen geregnet.
Aron und Nora befinden sich auf dem Heimweg von der Schule.
Sie wohnen beide in der grossen Siedlung am Rande der Stadt.
Sie sind miteinander befreundet und gehen in dieselbe Klasse.

Heute haben sie keine Eile.
Es ist 12 Uhr. Der Nachmittag ist schulfrei. Die dunklen Wolken haben sich verzogen. Es weht ein frischer Frühlingswind.
Mit ihren Gummistiefeln springen die Kinder von Pfütze zu Pfütze.

Kurz bevor sie ihre Siedlung erreichen, kommen sie an einem alten Haus vorbei. Das Haus ist durch eine kleine Mauer von der Strasse abgetrennt. Die Kinder balancieren auf der Mauer. Normalerweise ist dies ungefährlich. Aber weil die Mauer noch nass ist, ist sie glitschig. Prompt rutscht Nora aus und fällt hinunter.
«Au!», ruft sie erschrocken.
Sie bleibt am Boden sitzen.
Vorsichtig zieht sie ihr Hosenbein hoch. Sie schaut nach, ob sie irgendwo blutet.
Aron springt von der Mauer und kauert sich neben sie.
Während Nora ihr Bein betrachtet, sieht Aron plötzlich eine Schnecke.
Sie trägt ein gemustertes Häuschen und kriecht der Mauer entlang.

«Schau mal», ruft er, «wie diese Schnecke schnell vorankommt. Für eine Schnecke hat sies aber eilig. Wo will die nur hin?»
Nora vergisst ihr Bein. Sie schaut sich die Schnecke näher an.
«Die geht vielleicht einkaufen. Sie hat Hunger», meint Nora und lacht.
Aron entdeckt unterdessen weitere Schnecken. Ihre Häuschen sind alle gemustert, gelb, braun und schwarz. Sorgfältig nimmt Aron eine Schnecke in die Hand.
Er setzt sie neben der ersten ab.
«Jetzt wollen wir mal schauen, welche schneller ist», meint er.

Die Kinder schauen den beiden Schnecken zu. Die erste setzt unbeirrt ihren Weg fort.
Die zweite ist nicht so schnell, sie muss sich zuerst zurechtfinden.
Sie will nicht in die gleiche Richtung kriechen wie die erste Schnecke.
«Wir müssen beide Schnecken an einem neuen Ort loskriechen lassen», meint Nora.
«Erst dann sehen wir, welche wirklich schneller ist.»
«Da nehmen wir aber noch einige dazu. Dann gibt es ein echtes Schneckenrennen», überlegt Aron.
Die Kinder sammeln einige der Schnecken ein und begeben sich zum Vorplatz des alten Hauses.
Dort setzen sie die Schnecken auf den Boden. Mit einem Stecken bezeichnet Aron die Startlinie. Nora reisst unterdessen Grasbüschel aus und legt sie einen grossen Schritt von der Startlinie entfernt auf den Boden. «Diejenige Schnecke hat gewonnen, die zuerst ihr Grasbüschel gefunden hat», erklärt sie.
Dann stellen die beiden alle Schnecken nebeneinander auf.
«Achtung, fertig, los!», ruft Aron und zieht den Stecken weg.
Die Schnecken ziehen rasch ihre Fühler ein. Dann strecken sie die Fühler vorsichtig wieder aus und beginnen zu kriechen.

Alfa

Leider halten sich nicht alle an die vorgegebene Bahn.
Immer wieder biegt eine ab. Eines der Kinder löst das Tier dann vom Boden und setzt es wieder in die richtige Richtung.
Während sich die Schnecken gemächlich fortbewegen, bekommen sie alle Namen: Arcus, Sigma, Alfa, Corrado und so weiter.
Die Schnecken kommen unterschiedlich schnell voran. Die Kinder feuern sie an und halten ihnen frische Grasbüschel vor die Fühler.
Sie setzen sie immer wieder in die Laufrichtung. Sie haben einen Riesenspass.
Endlich erreicht die erste Schnecke ihr Ziel.
Die andern kommen gemütlich nach.
Nur eine Schnecke kommt kaum vom Fleck.
Die Schnecke Corrado.
Zwar kriecht sie durchaus vorwärts.
Sogar immer in der richtigen Richtung. Aber sie kommt kaum voran.
Aron hält ihr einen Grashalm vor die Fühler.
Sofort zieht die Schnecke die Fühler ein. Sie verkriecht sich in ihr Haus.
«Schau mal, die letzte hier», ruft Aron, «die meint, mein Grashalm sei eine Mauer. So hat sie keine Chance mehr.»

«Ob die wohl traurig ist?», fragt Nora. «Kann eine Schnecke überhaupt traurig sein?»
«Ach was, das ist ihr doch egal», meint Aron.
«Woher willst du das wissen?», fragt Nora. «Du siehst ja, dass sie scheu ist. Und jetzt kriecht sie wieder vorsichtig weiter. Sie will vorwärtskommen. Vielleicht riecht sie sogar das Futter. Aber sie kann nicht schneller kriechen. Vielleicht macht sie das traurig.»
«Ich weiss nicht», meint Aron, «ich weiss gar nicht, ob Schnecken traurig sein können. Ich habe mir das noch nie überlegt. Denkst du, Tiere fühlen ähnlich wie wir?»

Corrado

«Etwas fühlen tun sie bestimmt. Denk an deinen Kater. Wenn man ihm auf den Schwanz tritt, faucht er auf alle Fälle», meint Nora.
«Das ist aber nicht dasselbe wie bei dieser Schnecke hier. Der Kater spürt den Schmerz am Körper. Dieser Schnecke tut nichts weh.»
«Aber traurig ist sie vielleicht doch. Ich meine, es macht ihr vielleicht keinen Spass, immer langsamer als die andern zu sein.»

«Wie willst du das wissen?», fragt Aron. «Dann müsste die Schnecke Gefühle haben wie wir. Und dafür ist sie doch zu klein. Ein mickriges Tier.»
«Wie kannst du so reden», braust Nora auf. «Wenn ich so über deinen Kater redete, würdest du wütend.»
«Ein Kater ist auch nicht dasselbe wie eine Schnecke», findet Aron. «Dass mein Kater Gefühle hat, weiss ich. Er versteht mich sogar. Aber diese Schnecke kann kaum viele Gefühle haben. Das ist auch besser für sie. Sie ist für ein kurzes Leben gemacht und wird irgendwann gefressen oder überfahren. Es ist besser, wenn sie nicht zu viel fühlt.»
«Du bist herzlos, Aron», meint Nora wütend. Sie steht auf und will nach Hause gehen. «So, wie du redest, sind Schnecken wertlos.»
«Das behaupte ich doch gar nicht», gibt Aron zurück. «Ich sage nur, dass sie wahrscheinlich nichts fühlen.»

Nora verschränkt zornig die Arme vor der Brust. Sie marschiert davon, der Strasse entlang. Aron zögert. Dann legt er der hintersten Schnecke schnell ein Grasbüschel vor die Fühler. Er überlegt sich, ob er Nora langsam folgen soll oder etwas schneller.
In dem Moment biegt ein klappriges, kleines Auto um die Ecke. Es hupt, quietscht mit den Bremsen und hält neben Aron. Aron schaut hoch. Sein Gesicht hellt sich auf. Er kennt nur eine Person mit einem solchen Auto: Noras Tante Lorena. Lorena ist eine besondere Person. Sie wohnt in einem alten Haus am Rand eines Dorfes. Aron durfte schon öfters mit Nora bei ihr die Ferien verbringen. Die Kinder lieben sie. Jetzt lacht sie freundlich und fragt: «Seid ihr noch immer unterwegs? Steig ein, ich nehme dich mit.»
«Warum bist du hier?», fragt Aron. Er steigt hinten ins Auto.
«Noras Bruder, Colin, hat Geburtstag. Ich bin seine Patin. Deshalb bin ich zum Essen eingeladen. Wo ist Nora?», fragt Lorena. Sie wartet, bis Aron die Gurten befestigt hat.
«Ach, die ist da vorn», meint Aron und schaut weg.
«Streit gehabt?», fragt Lorena.
«Nein, nicht richtig. Nur halt nicht gleicher Meinung. Sie meint, Schnecken haben Gefühle. Und ich meine, sie haben eher keine. Und sind damit besser dran.»
Lorena stellt den Motor ab.
«Weshalb, denkst du, sind sie besser dran?», fragt sie. Sie dreht sich um und schaut Aron aufmerksam an.
«Ich finde es gar nicht so einfach mit den Gefühlen», sagt Aron.
«Wenn sie gut sind, ist es toll. Aber wenn sie schlecht sind, möchte ich lieber keine haben.»

«Das geht mir ähnlich», sagt Lorena nach einer Weile. Sie startet den Motor wieder. Mit leicht schepperndem Geräusch lenkt sie das Auto wieder auf die Strasse. Als sie Nora erreicht haben, hält sie erneut an. Hinter ihnen hupt ein verärgerter Autofahrer. Lorena kümmert es wenig.
«Steig ein, Nora!», ruft sie fröhlich. Nora steigt vorn ein. Ohne ein Wort zu sagen.
«Wo liegt das Problem?», fragt Lorena und fährt weiter.
«Ich habe kein Problem», sagt Nora mürrisch. «Aber der da hinten behauptet, Schnecken hätten keine Gefühle. Sie seien nur da, um bald gefressen zu werden. Sein Kater aber habe Gefühle. Wie weiss der, welche Tiere Gefühle haben und welche nicht? Vielleicht haben Tiere sogar viel mehr Gefühle als wir. Sie können es uns nur nicht richtig zeigen.»
Lorena fährt eine Weile schweigend weiter.

Dann sagt sie: «Eine Freundin von mir hält Hühner in ihrem Garten. Am Abend schliesst sie den Stall und öffnet ihn morgens wieder. Bevor sie jeweils den Stall betritt, klopft sie an die Türe. Dann zögert sie einen Moment, als warte sie auf eine Antwort. Manchmal fragt sie auch, ob sie eintreten dürfe. Erst dann öffnet sie die Türe und tritt ein. Sie sagt, es sei nicht ihr Haus, sondern das der Hühner. Das hat mir Eindruck gemacht.»

Lorena hält inne. Dann sagt sie ziemlich grimmig und mehr zu sich selber: «Ob Tiere Gefühle haben wie wir, weiss ich nicht. Aber etwas weiss ich mit Sicherheit: Wir sollten nicht so tun, als hätten sie keine.»
Aron schaut aus dem Fenster.
Am Himmel zieht ein Mäusebussard seine Kreise.
«Vielleicht hat sie ja recht», denkt er, «vielleicht hat sie ja recht.»

Das Gummibärchenbrot

Sechs Kinder hat Aron eingeladen. Er feiert heute seinen Geburtstag. Stolz steht er an der Wohnungstür, begrüsst die Kinder und nimmt ihre Geschenke entgegen. Es sind fünf Jungen aus seiner Klasse. Einer davon ist Mehmet, der in der Schule neben ihm sitzt. Ausserdem ist Nora da, seine Freundin, die im selben Block wohnt, in einer der vielen Wohnungen der grossen Siedlung am Rande der Stadt. Arons Mutter hat sich für dieses Fest einiges ausgedacht. Sie weiss, dass sich Aron etwas Sorgen macht darüber, ob es den andern gefallen wird bei ihm zu Hause.

Zuerst geht sie mit den Kindern auf den Spielplatz. Dort spielen sie mit Arons neuem Ball. Dann verstecken sich die Kinder und fangen sich gegenseitig. Sie rennen fröhlich um die Häuserblöcke.
Am Schluss teilen sich die Kinder in zwei Gruppen auf und bekommen kleine Zettel mit Aufgaben. Sie müssen diese lösen und können damit einen Schatz suchen. Der Schatz liegt gut versteckt im Briefkasten von Arons Familie. Er besteht aus einer grossen Schachtel mit Schokoladenmünzen. Das Spiel

bereitet den Kindern grossen Spass. Aron ist froh darüber, dass es offensichtlich allen gefällt. Nachdem sie den Schatz gefunden haben, kehren sie in Arons Wohnung zurück. Arons Mutter hat auf dem Balkon einen Tisch mit Köstlichkeiten vorbereitet. Eistee gibt es, frisches Brot und verschiedene Sorten Fleisch und Wurst.
«Jedes von euch kann seine Brote mit dem belegen, was es am liebsten mag», erklärt Arons Mutter. Das lassen sich die Kinder nicht zweimal sagen. Sie greifen nach dem frischen Brot und belegen es mit Salami, Schinken und Wurst. Mehmet steht etwas ratlos am Tisch. Er hat eine Brotscheibe in der Hand, aber er weiss nicht, womit er sie belegen soll. Unsicher schaut er nach links und nach rechts. Im Trubel bemerkt es niemand, weder Aron noch seine Mutter.
Schliesslich entdeckt Mehmet am andern Ende des Tisches eine Schale mit Gummibärchen. Einen Moment lang zögert er, dann beugt er sich über den Tisch, nimmt eine Handvoll Gummibärchen aus der Schale und belegt damit sorgfältig sein Brot.
Nun legt er ein zweites Stück Brot darauf, drückt sein Eingeklemmtes leicht zusammen und nickt zufrieden.
Aron sieht es in diesem Moment und lacht: «Machst du dir ein Gummibärchenbrot? Das habe ich noch nie gesehen. Magst du dieses Fleisch nicht?»
«Das weiss ich nicht», sagt Mehmet. «Ich glaube, das hier ist Schweinefleisch. Und das darf ich nicht essen.»
«Warum nicht? Bekommst du davon eine Allergie?»
«Nein, ich bin Muslim. Wir essen kein Schweinefleisch.»
«Was ist ein Muslim?»
«Das ist meine Religion. Alle meine Verwandten sind Muslime. Das ist unser Glaube.»
«Ist das, weil ihr aus einem andern Land kommt?», fragt Aron.
«Ja, vielleicht. Dort, wo meine Eltern herkommen, sind fast alle Muslime. Aber hier gibt es auch viele.»
«Und ihr esst alle kein Schweinefleisch?»

«Die meisten nicht. Mein Onkel würde nicht einmal Gummibärchen essen. Er sagt, auch da könnte etwas vom Schwein drin sein.»
Nora, die in der Nähe steht, schaut auf. «Aishe aus unserer Klasse isst auch keinen Schinken», sagt sie.
«Ja», meint Mehmet, «sie gehört auch zu den Muslimen.»
«Würdet ihr von diesem Schinken Bauchschmerzen bekommen, wenn ihr davon esst?», fragt Nora.
«Ich weiss es nicht. Wir essen ja kein Fleisch vom Schwein. Es ist bei uns einfach eine Regel. Vielleicht hat es einmal jemandem Bauchweh gemacht. Und darum gibt es diese Regel. Ich weiss es nicht genau.»

In diesem Augenblick schaut Severin von seinem Brot auf, sieht die Gummibärchen zwischen Mehmets Brotscheiben und lacht auf: «Was machst du für lustige Brote. So etwas habe ich noch nie gegessen.»
«Es ist nichts anderes da für ihn», sagt Aron. «Das Fleisch darf er nicht essen.»
Diesen Satz hört Arons Mutter. Sie kommt sofort herbei. «Mehmet», sagt sie aufgeregt, «ich habe vergessen, dass du dieses Fleisch nicht isst. Natürlich bringe ich dir etwas anderes, wenn du möchtest.»
Es ist ihr peinlich, dass für Mehmet nichts da ist ausser Gummibärchen. Schnell geht sie in die Küche, um nachzuschauen, was sie im Kühlschrank hat.
«Für mich sind Gummibärchen in Ordnung», sagt Mehmet und beisst in sein Brot. Niemand sagt etwas.

Alle schauen ihn an. Da wird er verlegen. Es entsteht eine ungewohnte Stille. Niemand weiss genau, was sagen.
Nora fasst sich als Erste wieder. «Ist doch egal, was man aufs Brot legt», sagt sie und klappt ihr Brot auf. Die untere Scheibe ist mit Schinken belegt. Auf die obere Scheibe legt Nora nun auch Gummibärchen.
«Jeder Mensch isst anders», sagt sie und schaut zufrieden auf die beiden Brothälften in ihren Händen.

«Meinst du ‹isst› anders oder ‹ist› anders?», fragt Aron.
«Beides», meint Nora und beisst in das eine Brot.
Da essen auch die andern weiter und reden wieder munter durcheinander.
Und Arons Mutter stellt einen Teller mit Käsescheiben, Gurken und Tomaten auf den Tisch.

Abends fragt Aron seine Mutter: «Was ist ein Muslim?»
Arons Mutter trocknet sich die Hände am Geschirrtuch ab und überlegt: «Muslime glauben an Allah. So nennen sie Gott. Vielen Muslimen ist dieser Glaube sehr wichtig. Sie beten gemeinsam und das hält sie zusammen.»
«Warum dürfen Muslime kein Schweinefleisch essen?»
«Ich weiss es nicht genau. Es ist eine Regel, die so im Koran steht. Das ist ein heiliges Buch für sie.»

«Denkst du, es ist schwierig für Mehmet, wenn er andere Regeln hat als wir?», fragt Aron.
«Ich hoffe, es war heute für ihn nicht zu schwierig. Ich habe vergessen, dass er dieses Fleisch nicht essen darf. Aber ich denke, es gibt hier viele Kinder aus verschiedenen Ländern mit verschiedenen Religionen.
Und viele haben eigene Regeln.
Da fällt es sicher oft gar nicht auf, wenn man nach seinen eigenen Regeln lebt.»
«Welche Religion haben wir denn? Sind wir Christen?»

«In gewissem Sinn schon. Ich wurde christlich erzogen. Für mich ist dieser Glaube auch heute noch wichtig. Aber unsere Familie gehört nicht mehr zur Kirche.»

«Warum nicht?»
«Dein Vater musste als Kind jeden Sonntag in die Kirche gehen. Das ist ihm zu viel geworden. Ich selber ging als Kind gern dahin. Aber später hat es mir nicht mehr so viel bedeutet. Da haben wir beschlossen, wir wollen nicht mehr dazugehören, und sind aus der Kirche ausgetreten.»
«Dürfen wir denn jetzt nicht mehr in eine Kirche gehen?», fragt Aron.
«Doch, natürlich dürfen wir.
Alle Menschen dürfen eine Kirche betreten.

Wenn du willst, können wir auch einmal zusammen hingehen. Aber die Kirche ist nicht nur ein Gebäude. Unter Kirche verstehen wir auch Menschen, die zusammenkommen, weil sie an Jesus glauben. Wenn man in die Kirche geht, bezahlt man Steuern. Und man trifft sich dort mit andern zum Gottesdienst. Das tun dein Vater und ich nicht mehr.»
«Und ich? Gehöre ich denn nirgends dazu?»
«Doch. Du gehörst jetzt zuerst einmal zu uns. Wenn du älter bist, lernst du verschiedene Menschen kennen, die verschieden glauben. Du spürst mit der Zeit, wo es dir wohl ist. Wenn du dann erwachsen bist, kannst du selber wählen, was du glauben und wo du dazugehören möchtest.»
«Mmh», macht Aron und blinzelt durch das offene Fenster in den Nachthimmel hinaus. «Das finde ich sehr kompliziert. Warum können die Menschen nicht alle gleich sein?
Das wäre sehr viel einfacher.»
«Ja, das wäre einfacher», sagt die Mutter und denkt eine Weile nach. «Aber weisst du, manchmal denke ich, die Unterschiede sind gar nicht immer so wichtig. Es gibt in allem Gemeinsamkeiten. Und die finde ich viel wichtiger. Alle Menschen möchten zum Beispiel geliebt werden, glaube ich. Und wir leben alle auf derselben Erde. Wir sind deshalb alle irgendwie miteinander verbunden.»
Aron schaut dem blinkenden Licht eines Flugzeuges nach, das hoch oben am Himmel seine Bahn zieht. Die Mutter folgt mit den Augen seinem Blick. Beide beugen sich aus dem Fenster und schauen in die Nacht.
«Und dieser Himmel mit den Sternen ist auch für alle derselbe», fügt Aron hinzu und nickt.
Unter diesem Himmel fühlt er sich zu Hause.

Andrin ist anders

Noras älterer Bruder Colin schaut aufmerksam in den Himmel.
Ab und zu zeichnet er auf ein Blatt Papier ein paar Wolkenformen.
Dann blättert er in einem Buch.
Er sucht darin nach Fotos, die ähnlich aussehen wie die Wolken, die er gezeichnet hat.
Nora und ihr Freund Aron essen Kirschen. Sie spucken die Steine über das Balkongeländer.
Wer am weitesten spucken kann, hat gewonnen.
Alle drei wohnen in derselben grossen Siedlung am Rande der Stadt. In einer der unzähligen Wohnungen.
Plötzlich fliegt ein Kirschstein versehentlich auf Colins Blatt.
«Was fällt euch ein?», ruft er wütend. «Man spuckt keine Kirschsteine durch die Gegend!
Und schaut euch mein Blatt an!
Dies ist eine Schularbeit.»
«Entschuldigung», sagt Aron erschrocken.
«Woran arbeitest du eigentlich?», fragt Nora.
«Ich studiere die Wolken», erklärt Colin.

«Sind die nicht alle ziemlich ähnlich?», will Nora wissen.
Sie schaut nun auch in den Himmel.
«Nein, sie sind überhaupt nicht ähnlich», sagt Colin. «Es gibt zum Beispiel Schichtwolken, wie die ganz oben. Und dann gibt es runde Wolken, wie die dort drüben.
Es gibt Wolken in drei verschiedenen Höhenlagen. Die obersten Wolken bestehen aus Eiskristallen.
Die mittleren und unteren Wolken bestehen aus Wasser. Wenn es zu viel Feuchtigkeit in einer Wolke hat, regnet es.»
Colin kippt die Rückenlehne seines Liegestuhls weit zurück. So kann er bequem liegend den Himmel betrachten.
Aron und Nora legen sich auf eine Matte am Boden und verschränken ihre Arme unter den Köpfen.
«Du, Nora, die unteren Wolken bewegen sich ja viel schneller als die oberen», stellt Aron nach einer Weile fest.
«Schau mal, diese Wolke sieht aus wie ein Krokodil. Und das Krokodil jagt den Elefanten davor.»
Nora deutet auf die Wolkengebilde über ihr.

«Da ist ja allerhand los da oben», lacht Aron. «Jetzt hat sich der Elefant aufgelöst. Zu einem Vogel mit weiten Flügeln.»
«Das ist alles nur Luft und Wasser», erklärt Colin und schaut wieder in sein Buch.
«Woher willst du das so genau wissen? Nur weil das in deinem Buch steht? Ich finde es viel schöner, mir selber auszudenken, was da oben alles sein könnte. Schau mal, jetzt tanzen die Wolken wie Geister. Sie lösen sich auf und formen sich neu. Man könnte dazu tausend Geschichten erfinden», sagt Nora.
«Ja», ergänzt Aron. «Vielleicht wohnen hier noch andere Wesen. Weit oben bei den Sternen. Man weiss nicht alles, hat mein Vater gesagt.»

«Wohnt eigentlich Gott da oben?», fragt Nora.
«Das weiss ich nicht», sagt Colin. «In diesem Buch steht nichts davon.»
«Gibt es Gott überhaupt?», fragt Aron.

«Ich glaube schon», meint Nora. «Und er hat doch sogar einen Geist. Einen heiligen Geist. Vielleicht ist das so etwas wie seine Frau?»

«Das wüsste ich gern einmal, ob es Gott gibt. Und wie er ist. Oder ob es eine ‹Sie› ist?», überlegt Colin.
«Vielleicht ist es so», sagt Nora: «Gott wohnt da oben. Und der heilige Geist ist seine Frau. Und sie trägt ein Kleid aus Eiskristallen.»
Nora lacht.
«Das gibt es nur im Märchen», erwidert Colin und gähnt.
«Nun», sagt Aron, «ich wüsste gern, wie es wirklich ist. Mit Gott.»

Am Wochenende fahren Aron und Nora zu Noras Tante Lorena.
Sie wohnt in einem kleinen Dorf in einem alten Haus. Die Kinder besuchen sie gern. Denn bei Lorena fühlen sie sich rundum wohl.
Noras Mutter bringt die beiden zum Bahnhof in der Stadt. Sie sorgt dafür, dass sie im richtigen Zug sitzen.
Dann fahren die beiden allein bis zum Dorf, wo Lorena sie abholt.
Heute hat es nicht viele Menschen im Zug.
Schräg gegenüber sitzt ein Mann mit einem Jungen.
Der Junge ist etwa so alt wie Aron und Nora.
Aber etwas ist anders an ihm. Sein Kopf steht etwas schräg und ist immer in Bewegung. Seine Arme bewegen sich ruckartig. Fast so, wie sich ein Roboter bewegt.
Manchmal läuft etwas Speichel aus seinem Mund.
Aron merkt, dass ihn das ekelt.
Er erschrickt leicht, als ihm das bewusst wird.
Aron und Nora schauen mit grossen Augen hin.
«Der Junge ist nicht normal», flüstert Aron.

«Was ist wohl mit ihm los?», fragt sich Nora. «Das ist sicher schlimm, wenn man so leben muss.»
Wenn der Junge spricht, sieht es aus, wie wenn er Grimassen schneiden würde. Er bewegt seine Lippen stark. Und er macht Bewegungen dazu mit dem Kopf und den Händen. Aron und Nora verstehen nicht, was er sagt.
Der Mann gegenüber versteht aber die Sprache offenbar.
Er gibt dem Jungen Antwort.
Die beiden lachen zusammen.
Ganz normal.
«Ist das der Vater? Wie ist das wohl, wenn man ein solches Kind hat?», flüstert Aron.
Da packt der Mann einen Apfel aus und ein Messer. Er beginnt den Apfel zu schälen. Die Schale, die das Messer vom Apfel hebt, wird immer länger. Der Mann und der Junge betrachten sie aufmerksam.
Dabei reden und lachen sie. Es sieht aus, als wäre dies ein unglaublich spannendes, lustiges Spiel. Schliesslich setzt sich der Mann neben den Jungen. Er hilft ihm beim Essen.
Und dabei sehen die Kinder sein Gesicht.
Sie sehen, wie der Mann den Jungen anstrahlt.
Und wie der Junge voller Freude in den Apfel beisst.
Das muss der Vater sein. Mit seinem Sohn.
Die Kinder schauen gebannt zu.

Lorenas Dorf wird im Lautsprecher ausgerufen.
Aron und Nora schauen sich an. Erst jetzt merken sie es. Sie haben während der ganzen Fahrt die zwei angestarrt. Als würden die beiden eine Vorstellung geben.
Eigentlich würden sie gerne den Mann etwas fragen.

Aber das getrauen sie sich nicht.
Der Vater packt die Überreste des Apfels weg. Die beiden stehen auf.
Nora und Aron warten einen Moment. Sie wollen nicht im Weg stehen.
Der Junge hat Mühe beim Gehen. Er muss sich an den Griffen festhalten. Seine Füsse zieht er am Boden nach. Sein Vater ist in seiner Nähe, hilft ihm aber kaum.
Der Junge schafft es allein.
Aron und Nora folgen den beiden. Sie verlassen nach ihnen den Zug.

Lorena erwartet die Kinder. Sie winkt ihnen fröhlich zu. Sie freut sich, Aron und Nora zu sehen.
«Wie war die Fahrt?», will sie wissen.
Die Kinder gehen darauf gar nicht ein. «Kennst du den Jungen mit dem Mann dort?», fragt Nora stattdessen.
«Ja», sagt Lorena. «Das ist Andrin mit seinem Vater Michael.»
«Der ist aber nicht normal», sagt Aron.
«Du meinst, er hat eine Behinderung», erwidert Lorena.
Die drei gehen zu Fuss durch das Dorf.

«Eine Behinderung?», fragt Nora.
«Andrin ist mit einer Behinderung zur Welt gekommen. Bei der Geburt wurde ein Teil seines Gehirns beschädigt. Wegen Sauerstoffmangels. Er kann seine Bewegungen nicht richtig steuern. Auch das Sprechen fällt Andrin schwerer als euch», erklärt Lorena.
«Ist es nicht schlimm, so zu leben?», fragt Aron.
«Ich weiss es ehrlich nicht», antwortet Lorena. «Ich bin nicht Andrin. Ich denke mir, vieles im Alltag ist schwieriger. Aber Andrin macht mir einen glücklichen Eindruck. Alle hier im Dorf kennen ihn. Wir sind uns seine Art gewohnt.»
Die drei erreichen Lorenas Haus. Sie gehen in die Küche. Auf dem Tisch steht ein warmer Apfelkuchen. Lorena schiebt drei Stücke auf einen Teller und geht mit den Kindern in den Garten. Unter einem grossen, alten Apfelbaum steht ein runder Tisch. Dort setzen sie sich hin und beginnen zu essen.
«Hier ist es einfach schön», sagt Aron. Er lehnt sich zufrieden auf seinem Stuhl zurück.
Für Nora ist das angefangene Thema noch nicht beendet.
Was sie im Zug gesehen hat, lässt sie nicht mehr los.
«Ist es nicht schlimm für die Eltern, wenn sie ein behindertes Kind haben müssen?»
«Du meinst, ein Kind wie Andrin?», fragt Lorena.
«Ist das nicht dasselbe?», fragt Aron. «Es ist einfach ein behindertes Kind.»
«Nein», sagt Lorena, «Andrin ist nicht einfach ein behindertes Kind. Er hat seine Behinderungen. Wir haben andere Behinderungen. Jeder Mensch hat irgendwo oder irgendwann Behinderungen. Wir sind nicht vollkommen.»

«Warum eigentlich nicht?», fragt Aron. «Hat uns nicht Gott gemacht? Warum macht er das nicht besser?»
«Hat uns Gott gemacht?», fragt Lorena zurück.
«Irgendwoher müssen wir ja kommen», sagt Aron. «Es war nicht plötzlich alles einfach da, oder?»
«Ich glaube, Gott hat alles gemacht», sagt Nora.
«Aber wenn uns Gott gemacht hat, kann er es nicht richtig gut machen? Die Natur ist so schön hier», sagt Aron. Er zeigt über den Garten hinaus in die Weite. In die Felder und die bewaldeten Hügel. «Warum macht er nicht alles perfekt?»
«Was heisst perfekt, Aron?», fragt Lorena.
«Alles einfach richtig. Alles gut. Ohne Fehler», sagt Aron. «Kann Gott so etwas nicht machen?»
«Ich weiss nicht, ob ers könnte», sagt Lorena. «Darüber denken Menschen seit Jahrtausenden nach. Sie fragen sich, wer Gott sein könnte und warum das Leben nicht perfekt ist. Es gibt darüber viele verschiedene Ansichten.»

«Und was denkst du darüber?», fragt Aron.
«Ich denke, dass man es mit Denken nicht verstehen kann. Da, im Kopf, sind diese Fragen nicht zu beantworten. Die grössten Rätsel des Lebens sind für mich die Geheimnisse des Herzens.» Lorena deutet auf ihr Herz. «Und die Antworten, die wir dort finden, sind oft von besonderer Art.»

«Hast du gesehen, Aron, wie der Vater Andrin angeschaut hat, im Zug?», sagt Nora plötzlich. «So lieb.»
«Eben», sagt Lorena.

Der Kater

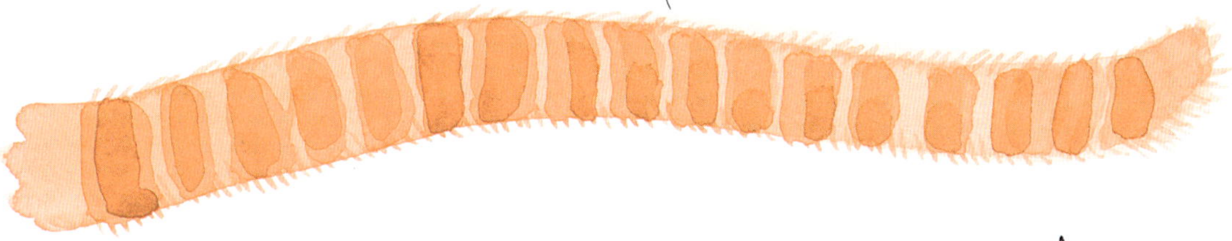

Aron lebt mit seiner Mutter in einer grossen Siedlung am Rande der Stadt.
Sein Vater lebt nicht mehr bei ihnen.
Warum das so ist, weiss Aron nicht genau.
Aron ist oft allein zu Hause.

Seine Mutter arbeitet in einem Restaurant.
Da muss er manchmal lange auf sie warten.
Damit sich Aron nicht zu einsam fühlt, schenken ihm die Eltern eines Tages einen Kater. Einen Hauskater mit Namen Phönix.

Dieser Kater bedeutet Aron unendlich viel. Er ist sein bester Freund. Er kommt auf ihn zu, wenn er nach Hause kommt. Er streicht ihm um die Beine, bettelt nach Leckerbissen vor der Kühlschranktüre und schnurrt abends zufrieden auf Arons Bett. Seit der Kater da ist, fühlt sich Aron nie ganz allein zu Hause.

Eines Tages jedoch will der Kater nicht fressen. Auch rührt er sich kaum von der Stelle. Aron bringt ihm ein Stück Schinken, den der Kater sonst am liebsten mag. Phönix schnuppert kurz daran, frisst aber nichts.

Aron ist beunruhigt.
Als die Mutter abends nach Hause kommt, erzählt er ihr davon.
Die Mutter sieht sich den Kater an.
«Er wirkt auf mich wie sonst», meint sie. «Dass er einmal nichts frisst, schadet ihm kaum. Wir haben auch nicht jeden Tag Hunger.»
Aron bleibt ruhelos. In der Nacht steht er auf und schaut nach seinem Kater. Der schläft am Fussende seines Bettes. Aber er wirkt nicht wie sonst.

Am Morgen wacht Aron zu spät auf. Er muss sich sehr beeilen, um rechtzeitig in die Schule zu kommen. Vor der Wohnung steht seine Freundin Nora, die im selben Block wohnt wie er und in dieselbe Klasse geht.
«Phönix ist krank», sagt Aron zu Nora.
«Was hat er denn?»
«Ich weiss es nicht. Aber es geht ihm nicht gut», sagt Aron bekümmert.
«Dann musst du ihn zum Tierarzt bringen», meint Nora.
«Ich weiss doch nicht, wo der wohnt», seufzt Aron.
Am Nachmittag will Aron nicht wie sonst seine Schulaufgaben bei Nora erledigen. Er will bei seinem Kater bleiben. Der liegt müde da, ohne sich zu regen. Fressen will er noch immer nichts.
Da gerät Aron in helle Aufregung. Er ruft seine Mutter an, ins Restaurant.
Sie tröstet ihn: «Ich kann jetzt nicht weg, Aron. Aber ich schaue am Abend nach dem Kater, wenn ich nach Hause komme. Mach dir nicht zu viele Sorgen. Vielleicht hat er sich nur den Magen verdorben.»
Aber Aron macht sich Sorgen.
Er eilt zu Nora und läutet Sturm.
Nora hat für ihn sonst immer Zeit und Verständnis.
Heute nicht.
«Wir fahren gleich weg», sagt sie.
«Ich brauche neue Schuhe. Meine alten haben ein Loch. Du weisst doch, ich habe immer gleich nasse Füsse.»
Dann sieht sie Arons verzweifeltes Gesicht. «Kann ich nicht ein anderes Mal Schuhe kaufen?», fragt sie ihre Mutter. «Aron braucht Hilfe. Sein Kater ist krank. Er muss zum Tierarzt.»
«Nein Nora, das geht jetzt nicht. Du brauchst dringend neue Schuhe. Morgen habe ich keine Zeit.»
Aron rauft sich die Haare.
«Wo wohnt der Tierarzt?», fragt er Noras Mutter.
«Das ist nicht weit von hier», erwidert sie. «Aber ruf ihn zuerst an.

Erzähl ihm, was deinem Kater fehlt. Vielleicht findet er es gar nicht schlimm. Warte, ich suche die Nummer für dich heraus.»
Sie blättert nervös im Telefonbuch und kritzelt ein paar Zahlen auf einen Zettel.
Aron spürt, dass hier niemand Zeit hat.
Er weiss aber, dass sein Kater krank ist. Er weiss es!

«Ich verstehe, Aron», meint der Vater, nachdem er die Geschichte vom Kater gehört hat. «Aber schau, ich kann dir jetzt nicht helfen. Ich muss arbeiten. Ich kann nicht weg. Ruf den Tierarzt an und erzähl ihm von deinem Kater. Er kann dir bestimmt am besten raten.»

Mutlos kehrt er in die Wohnung zurück. Er hat noch nie mit einem Tierarzt telefoniert. Und wo der wohnt, weiss er auch nicht.
In seiner Aufregung vertippt er sich zuerst und bekommt eine fremde Frau ans Telefon. Ihr erzählt er, was seinem Kater fehlt.
«Ich bin nicht Tierärztin», meint die Frau mitfühlend. «Da bist du falsch verbunden. Sind deine Eltern nicht zu Hause?»
«Nein», sagt Aron und legt auf.
Dann wählt er die Handynummer seines Vaters. «Du kannst mich immer anrufen», hat sein Vater ihm einmal gesagt.

Aron versucht es erneut mit der Nummer des Tierarztes. Ganz langsam tippt er jede Zahl ein und kontrolliert sie. Sein Herz klopft deutlich spürbar. Endlich ist er richtig verbunden. Eine Frauenstimme kündet ihm an, dass er eine Tierarztpraxis angewählt hat. Aron erzählt von seinem Kater. Dass er nichts frisst und sich nicht von der Stelle bewegt. Dass alle denken, er hat nichts Schlimmes. Dass er aber weiss, dass es schlimm ist.
Er ist so aufgeregt, dass er alles durcheinanderbringt und die Frau am andern Ende der Leitung mehrmals nachfragen muss.

Dann sagt sie zu ihm: «Das klingt für mich nicht gut. Am besten wäre es, wenn du deinen Kater zu uns bringen könntest. Kennst du jemanden, der dir helfen kann?»
«Nein», erwidert Aron und kämpft gegen die Tränen.
«Wo wohnst du?», fragt die Frau.
Aron nennt seine Adresse.
«Das ist ganz nahe», meint die Frau. «Pack deinen Kater in einen Korb. Dann nimm den Korb auf den Arm. Geh damit langsam und vorsichtig zum Blumengeschäft am Ende der Strasse. Kennst du das?»
«Ja.»
«Das ist gut. Unsere Praxis liegt dahinter. Wenn du um das Blumengeschäft herumgehst, stehst du gleich davor. Ich komme heraus, wenn ich dich sehe, und helfe dir.»
Aron ist getröstet. Er fühlt sich plötzlich nicht mehr so allein. Einen Korb findet er nicht. So nimmt er den Kater vorsichtig auf den Arm und verlässt die Wohnung. Die Tür kann er kaum hinter sich schliessen. Aber das ist ihm egal. Der Weg die Treppen hinunter und aus dem Haus kommt ihm endlos lange vor. Dann biegt er ab und geht die Strasse entlang in Richtung Blumengeschäft. Tatsächlich steht dort eine Frau, die ihn erwartet. Sie führt Aron in die Praxis und bittet ihn, mit seinem Kater auf einem Stuhl Platz zu nehmen.
«Mein Mann ist hier Tierarzt», sagt sie. «Ich helfe ihm dabei. Einen Moment musst du noch warten. Aber sag mir doch schon einmal, wie dein Kater heisst. Und wie du heisst, damit ich es aufschreiben kann.»
Die Stimme dieser Frau beruhigt Aron. Er beantwortet ihre Fragen und sie tippt alles in den Computer.
«Wissen deine Eltern, dass du hier bist?»
«Mein Vater weiss es. Meine Mutter nicht.»
«Und wird dein Vater die Behandlung bezahlen?»
Aron überlegt einen Moment.
«Ja, das wird er», sagt er dann.
Nach einer Weile kann Aron dem Tierarzt seinen Kater zeigen.
Der schaut sich den Kater genau an. Er misst seine Körpertemperatur und nimmt mit einer Spritze Blut von einer Vorderpfote.
«Dein Kater hat sehr hohes Fieber», erklärt er Aron. «Ich befürchte, er hat einen Virus. Ich habe ihm Blut entnommen. Das schicke ich ins Labor. Morgen wissen wir dann mehr darüber, was deinem Kater fehlt. Ich würde deinen Phönix aber gern bis morgen hier behalten und beobachten. Bist du damit einverstanden?»
Aron weiss nicht, was ein Virus ist. Aber er sieht den ernsten Blick des Tierarztes.
«Wird er wieder gesund?», fragt er ihn.
«Ich weiss es nicht», erwidert der Tierarzt. «Ich bin mir nicht sicher.»

Aron verlässt die Praxis im Laufschritt. Tränen laufen ihm übers Gesicht. Er rennt nach Hause, eilt die Treppe hoch und will in die Wohnung flüchten. Dabei stolpert er aber über Nora, die vor der Tür am Boden sitzt. Er stösst die Tür auf, steigt über sie hinweg, rennt in sein Zimmer und wirft sich schluchzend auf sein Bett.
Nora folgt ihm und bleibt ratlos an seiner Zimmertür stehen.
Dann dreht sie sich plötzlich um und jagt davon.
«Ich muss Toni finden», murmelt sie unterwegs.
Toni ist ein guter Freund der Kinder. Er wohnt in derselben Siedlung wie sie. Er besitzt einen kleinen Buchladen in der Stadt. Die Kinder begleiten ihn öfters, wenn er mit seinem Hund abends spazieren geht.
Toni ist noch nicht zu Hause. Nora hört nur den Hund bellen. Aber sie kennt den Weg, den Toni nimmt, wenn er nach Hause kommt. So eilt sie aus dem Haus und rennt die Strasse hinunter zur Bushaltestelle. Dort hüpft sie auf und ab und kann nicht ruhig stehen.
Ein Bus nach dem andern hält an, voll mit Menschen, die von ihrer Arbeit nach Hause kommen und in einer der vielen Wohnungen hier daheim sind.
Nora schaut sich alle an, die aussteigen, damit sie Toni ja nicht verpasst. Sie rennt von der vorderen zur hinteren Bustür und zurück.
Toni ist erst im dritten Bus. Er ist in Gedanken versunken und sieht sie nicht gleich. Nora rammt ihn beinahe, als er auf sie zueilt.
«Du musst gleich mitkommen», ruft sie, «ich glaube, Arons Kater stirbt. Aron weint ganz schrecklich.»
Toni zögert nicht lange. Er folgt Nora zur grossen Eingangstür ihres Wohnblocks und hinauf zu Arons Wohnung.

Aron hat sich auf seinem Bett in eine Ecke verkrochen, wo er zusammengerollt liegt. Mit beiden Händen drückt er sich sein Kissen ins Gesicht.
Toni setzt sich zu ihm aufs Bett.
«Aron», sagt er nach einer Weile.
«Aron, ich bin hier. Wenn du mir erzählen möchtest, was passiert ist, bin ich hier.»
Aron hebt seinen Kopf zögernd von seinem Kissen hoch. Dann erzählt er von seinem Kater, der beim Tierarzt bleiben musste. Und dass er denkt, dass er ihn wohl nie wieder lebendig sehen wird. Dabei muss er nochmals sehr weinen.
Toni lässt ihm Zeit. Er kauert vor das Bett, sodass er Aron auf gleicher Höhe direkt in die Augen schauen kann.
Er sucht nach einem sauberen Taschentuch und bittet Nora um ein Glas Wasser.
Als Aron sich etwas beruhigt hat, fragt Toni: «Wie heisst dein Kater?»
«Phönix», antwortet Aron. «Phönix ist ein Feuervogel. Weil mein Kater ein Fell hat wie Feuer, heisst er Phönix.»
«Und – kennst du die Geschichte vom Feuervogel?», fragt Toni.
«Nein, nicht genau», sagt Aron.
Nora reicht ihm das Glas mit Wasser.
Aron trinkt vorsichtig.

«Die Geschichte vom Feuervogel ist uralt. Viele Völker kennen sie. Es ist die Geschichte eines Vogels, der im Feuer verbrennt. Nach seinem Tod steht er aber eines Tages wieder aus der Asche auf, wird lebendig und fliegt davon. Der Phönix stirbt und aufersteht.»
Toni hält inne.
Aron hört schweigend zu.
«Diese Geschichte gibt es wohl darum, weil wir Menschen uns so sehr wünschen, dass mit dem Tod nicht alles zu Ende ist. Und vielleicht ist es so, dass etwas von uns weiterlebt, aus der Asche aufsteigt und davonfliegt.»
Aron sagt nichts.
«Wenn dein Kater sterben muss, ist das so traurig für dich, dass es dafür gar keine Worte gibt. Aber vielleicht lebt etwas von deinem Phönix weiter, lebt neu, auch wenn du dies nicht genau sehen kannst.
Ich glaube, dass es so ist.»
«Und wir sind auch da», sagt Nora.
«Wir sind bei dir», wiederholt sie und zieht aus ihrer Tasche eine leicht zerdrückte bunte Vogelfeder, die sie Aron in die Hand legt.

Mut tut gut

Noras Lieblingstante heisst Lorena. Sie wohnt in einem kleinen Dorf am Rand eines Waldes. Ferien bei ihr sind etwas vom Schönsten, was sich Kinder vorstellen können. Denn bei Lorena ist fast alles erlaubt: durch den Wald streifen, auf Bäume klettern, mit den Händen essen und sich schmutzig machen.
Dieses Jahr verbringen Nora und ihr Freund Aron ihre Herbstferien bei Lorena.
Eines Tages spielen die Kinder am nahen Waldrand. Sie sind zwei Urwaldmenschen, die durch den Wald schleichen. Beide versuchen, geräuschlos voranzukommen.
Sie suchen den Waldboden nach Tierspuren ab. Und sie denken sich spannende und gefährliche Geschichten dazu aus. Dadurch geraten sie tiefer in den Wald hinein, ohne es zu merken.
Irgendwann setzen sie sich hin und essen die Brote, die ihnen Lorena mitgegeben hat.
Die Zeit vergeht schnell. Schon bricht die Dämmerung herein. Die Kinder wissen, dass sie nun heimkehren sollten.
Aber jetzt wird es im Wald erst richtig spannend. Aron sagt: «Wenn du dich anstrengst, kannst du auch im Dunkeln sehen. Komm, wir gehen durch das dichte Gebüsch nach Hause. Dann zeig ichs dir.»
Im Dickicht ist es dunkler als ausserhalb des Waldes. Nora strengt sich an. Sie kann immer noch deutlich die Zweige der Büsche erkennen und sich ihren Weg durchs Unterholz bahnen. Gleich würden sie draussen sein und den Waldrand erreichen.
Warum dauert das so lange?
Plötzlich bleibt Aron stehen.
«Ich glaube, wir machen etwas falsch. Wir kommen nicht aus dem Gebüsch heraus», meint er.
«Bist du sicher?», fragt Nora und sie bekommt Herzklopfen.
«Wir sind doch aus dieser Richtung gekommen.»

«Ja, aber wir müssten längst wieder draussen sein. Da kann etwas nicht stimmen», sagt Aron. «Komm, wir kehren um.»
Beide versuchen, den Weg, auf dem sie gekommen sind, wieder zu finden. Unterdessen ist es aber noch dunkler geworden. Aron geht voraus. Noch immer kann er in der Dunkelheit die Äste im Gebüsch erkennen. Er ist jedoch nicht mehr sicher, wo sie sich befinden.
«Hier sind wir nicht vorbeigekommen», sagt Nora nach einer Weile. «An diesen dicken Ast am Boden würde ich mich erinnern.»
«Ich weiss nicht mehr, wo wir sind», gibt Aron zu.
«Ich habe Angst», sagt Nora. «Ich sehe immer weniger.»

«Wir können nicht weit weg sein», meint Aron. Er versucht, sich zu orientieren. Aber es ist nichts zu sehen, was ihm bekannt vorkäme. Und sie stecken mitten im Gebüsch. Nora hält Aron am Pullover fest.

Aron spürt ihre Angst. Auch er spürt Unbehagen. Aber er verdrängt es aus seinen Gedanken. Er will mutig sein, für beide.

«Hier können wir nicht bleiben», sagt er schliesslich. «Wir müssen so lange gehen, bis wir aus dem Gebüsch hinauskommen. Bis wir einen Weg finden.»
Er geht Nora voran. Sie bleibt dicht hinter ihm.
Es wird noch finsterer.
Plötzlich schreit Aron auf. Ein schmaler dorniger Ast hat ihm das Gesicht zerkratzt. Er fährt sich mit der Hand über Stirn und Wange. «Au, das tut weh!», ruft er und bleibt stehen.
Jetzt haben beide Angst.
Da legt Nora einen Moment lang ihre Arme um Aron und drückt ihn an sich. «Wir kommen hier raus», sagt sie. Obwohl sie keine Ahnung hat, wo sie sich befinden.
Beide tasten sich voran.
Aron drückt mit seinen Armen die Zweige der Büsche auseinander.

Nora duckt sich hinter ihm. So wird sie nicht von den zurückschnellenden Ästen getroffen, wenn Aron vor ihr die Äste wieder loslässt.
Sie gehen weiter, Schritt um Schritt.
Als Aron Nora hinter sich keuchen hört, beginnt er plötzlich zu pfeifen.
Er pfeift ein Lied, das sie in der Schule gelernt haben.
Es klingt völlig falsch.
Aber Nora findet es wunderschön.

Nach einer Weile beginnt sie, das Lied zu singen. Und schliesslich singen sie es beide.
Immer lauter singen sie.
Laut und falsch und mutig.
Im Takt ihrer vorsichtigen kleinen Schritte.
Sie fühlen sich plötzlich stark zusammen.
Dann bleibt Aron stehen.
Er rudert mit seinen Armen in der dunklen Nachtluft. Es sind keine Zweige mehr vor ihm.
«Wir sind draussen!», ruft er. «Wir haben es geschafft! Wir sind auf dem Weg. Hurra! Und ich glaube, ich weiss sogar, wo genau wir sind. Hier müssen wir nach links gehen.»
«Bin ich froh!», atmet Nora auf und lacht erleichtert.
Und dann geben sich beide die Hand. Sie folgen dem Weg nach links und singen von Neuem übermütig ihr Lied.

Später sitzen alle am Kaminfeuer. Lorena hat die Kinder mit der Taschenlampe gesucht. Sie hat die beiden gefunden, als sie bereits wieder auf dem Waldweg waren. Alle sind erleichtert, dass sie heil zu Hause angekommen sind.
Die Kinder erzählen, was sie erlebt haben. Und reden von ihrer Angst.
«Ich habe Angst im Dunkeln», gibt Nora zu. «Ich sehe dann einfach nichts mehr. Das ist so unheimlich.»
«Ich habe auch Angst im Dunkeln», sagt Lorena ruhig. «Ich mag die Dunkelheit nicht.»
«Was, du hast auch Angst?», ruft Aron erstaunt. «Obwohl du erwachsen bist? Du siehst gar nicht aus, als ob du jemals Angst hättest.»
«Hast du gedacht, nur Kinder hätten Angst?», fragt Lorena lächelnd.

Dann wird sie ernst: «Wir haben alle Angst, Aron. Ein Leben lang. Aber manchmal findet sich ein Weg, wie man damit besser fertig wird.»

Am nächsten Morgen fährt Lorena mit den Kindern ins Nachbardorf zum Einkaufen.
Auf dem Heimweg sieht Aron ein Motorflugzeug. Es zieht ein Segelflugzeug an einem Seil hoch.
«Wo starten diese Flugzeuge?», will Aron wissen. «Ich würde sie gern einmal aus der Nähe sehen. Geht das?»
«Ja», sagt Lorena, «gleich da drüben ist ein kleiner Flugplatz. Wenn du willst, können wir dort vorbeifahren. Es ist nicht weit von hier.»

Lorena wendet ihr Auto und biegt in den Weg zum Flugplatz ein. In der Nähe steht ein Restaurant mit einem Spielplatz. Die Sonne scheint vom tiefblauen Oktoberhimmel.
Lorena und die Kinder steigen aus. Sie stellen sich hinter die Abschrankung an den Rand der Startbahnen. Sie schauen zu, wie ein Motorflugzeug ein Segelflugzeug an einem Seil hochzieht. Jedes Mal, wenn sich ein Segler hoch oben in der Luft ausklinkt, kommt die Schleppmaschine mit rasantem Tempo wieder zum Flugplatz zurück. Die Segelflugzeuge, die hochgezogen werden wollen, stehen alle in einer Reihe. Das Motorflugzeug stellt sich vor den ersten Segler. Einer der wartenden Segelflugzeugpiloten zieht ein Seil aus dem hinteren Teil des Motorflugzeuges. Er befestigt es am vordersten Segelflugzeug.
So sind beide Flugzeuge miteinander verbunden. Und schon bewegt sich die Maschine wieder. Sie zieht das Segelflugzeug und rollt immer schneller, bis erst das Segelflugzeug und dann die Schleppmaschine vom Boden abheben.
Aron ist fasziniert. Er rührt sich nicht von der Stelle.
Er schaut und schaut.
Hoch oben kreisen die Segelflugzeuge. Und die Schleppmaschine zieht sie hoch. Immer wieder, eins nach dem andern.
Aron folgt ihr mit den Augen.
Und rührt sich weiterhin nicht von der Stelle.

Lorena und Nora trinken unterdessen im Restaurant einen Eistee. Nach einer Weile kehrt Nora allein zu Aron zurück. «Willst du noch lange zuschauen?», fragt sie ihn.
«Ja», sagt Aron.
«Ist es nicht immer ein und dasselbe?»

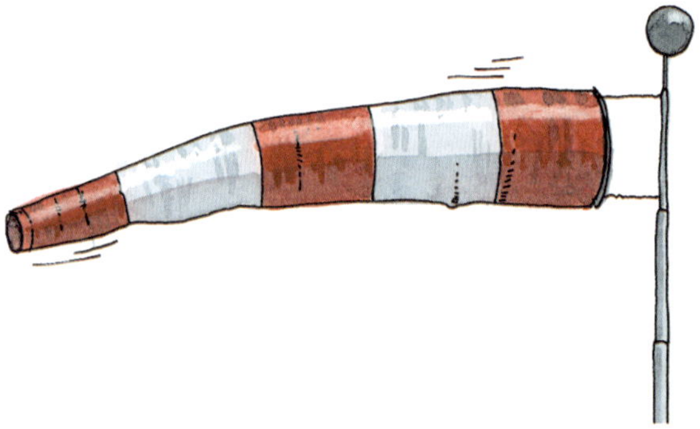

«Nein, es ist nie dasselbe. Es ist immer wieder neu ... so toll.»
«Verstehe ich nicht», meint Nora.
«Hast du vielleicht Lust auf ein Stück Schokolade? Habe ich für dich aufgehoben.»
«Nein», sagt Aron, «ich mag im Moment nicht essen. Schau, wie der sich in die Tiefe stürzt, sobald er den Segler abgehängt hat. Unglaublich!»
«Findest du das wirklich toll? Bin ich froh, dass ich nicht dort drinsitzen muss. Das sieht so gefährlich aus. Wenn der abstürzt?»
«Der stürzt nicht ab. Der weiss, wie er fliegen muss. Ich würde so gern einmal mitfliegen.»
«Wirklich?», fragt Nora ungläubig, «du möchtest da mitfliegen?»
«Ja, ich möchte mitfliegen», sagt Aron. Er schaut dem Flugzeug gebannt beim Landen zu.
«Dann frag doch, ob er dich mitnimmt», meint Nora munter.
«Der hat ja noch Platz.»
«Fragen? Ich? Bist du verrückt? Der würde mich nie und nimmer mitnehmen.»
Aron schüttelt den Kopf.
Er streckt eine Hand aus, greift mit ihr ins Leere, als ob er etwas fassen wollte, was er nicht erreichen kann.
Nora schaut auf den Schokoladeriegel in ihrer Hand. Aron würde nie auf Schokolade verzichten, wenn hier nicht etwas wäre, was ihm sehr viel mehr bedeutet. Da ist sich Nora ganz sicher.
«Wenn du nicht fragst, dann gehe ich für dich fragen», sagt Nora. Sie klettert vorsichtig über die Abschrankung.
«Was? Nein! Das geht nicht! Das kannst du nicht machen! Und Geld habe ich auch keins!», braust Aron auf.
Aber da sieht er, dass Nora bereits dem Geländer entlanggeht in die Richtung, wo das Flugzeug zum Stillstand gekommen ist.
«Man darf hier gar nicht gehen», ruft Aron. «Nur Piloten dürfen das.»
Nora schaut nicht einmal zurück.
Sie bekommt Angst. Vermutlich hat Aron recht. Man darf hier nicht gehen. Vielleicht kommt dann die Polizei? Und wenn der Pilot böse wird?
Nora spürt, dass ihre Knie weich werden. Sie würde sich am liebsten auf der Stelle umdrehen. Aber noch hat keiner sie gesehen.

HB EMP

Und vielleicht gelingt ihr Vorhaben doch. Sie geht dicht am Rand des Geländes dem Zaun entlang.
Aron schaut Nora nach.
Ihr roter Pullover wird immer kleiner.
Aron ist so aufgeregt, dass er kaum mehr atmen kann.
Erst als sie auf der Höhe des Flugzeugs angekommen ist, überquert Nora die Wiese zur Rollbahn.
Die letzten Schritte rennt sie, bis sie ganz ausser Atem ist.
Ein paar Männer stehen hinter dem Motorflugzeug beieinander und diskutieren. Keiner achtet auf Nora.
Sie biegt vorsichtig um die Ecke und geht auf die Männer zu. Plötzlich zeigt einer von ihnen auf sie.
«Was machst du hier?», fragt er.
Nora holt tief Luft und nimmt allen Mut zusammen.

«Aron», erklärt sie, «das ist mein Freund. Und er möchte so gern einmal mitfliegen. Wenn Sie einen Segler hochziehen. Er würde so gern mitfliegen, dass er nicht einmal mehr Schokolade essen kann.» Sie schaut unsicher vom einen zum andern, unsicher, wen sie fragen soll.
Die Männer lachen. Und der Pilot des Motorflugzeugs lächelt.
Er schaut das Mädchen an, das vor ihm steht.
«So, nicht einmal mehr Schokolade essen kann er?», fragt er Nora.
«Und möchte stattdessen mit mir eine Runde fliegen?»
«Ja, das möchte er so gern. Geld hat er allerdings keins. Vielleicht … mögen Sie dafür Schokolade?»

Nora schaut auf den Schokoladeriegel in der Hand. In ihrer Aufregung hat sie ihn völlig zerdrückt.
Sie bekommt einen hochroten Kopf.
Es ist ihr so peinlich.
«Also, wenn er mitfliegen will, muss er schon selber kommen. Geh, hol ihn einmal hierher. Sag ihm, ich heisse Peter. Und ich beisse nicht.»
«Bin schon da», sagt Aron. Er ist Nora inzwischen gefolgt und schaut hinter dem Flügel des Motorflugzeuges hervor. Auch er hat einen roten Kopf vor lauter Aufregung.
Als er aber sieht, dass Peter ihm freundlich zunickt, fühlt er sich fast so, als würde er bereits fliegen.

Wo das Glück wohnt

Es ist Montagmorgen.
Aron packt seine Schultasche und zieht leise die Wohnungstüre hinter sich zu. Dann macht er sich auf den Weg zu Noras Wohnung.
Aron und Nora wohnen in einer grossen Siedlung am Rande der Stadt. Sie gehen in dieselbe Klasse und sind auf dem Schulweg meistens zusammen.
Als Aron die Türe von Noras Wohnung erreicht, blickt er erstaunt auf. Da steht ein dunkelhaariger grosser Junge in einem gelbgrünen Fussballleibchen und mit einer Baseballmütze auf dem Kopf.
Er hat soeben an der Tür geklingelt.
Aron kennt ihn nicht.
Was will der hier?
Nora öffnet die Türe, schaut beide Jungen an und freut sich offensichtlich.
«Seid ihr schon beide da?», fragt sie vergnügt. «Aron, das ist Paolo. Weisst du, der Neue, von dem die Lehrerin letzte Woche erzählt hat. Stell dir vor, der wohnt jetzt gleich neben uns. Am Samstag ist er mit seiner Familie eingezogen.»
Paolo streckt Aron seine Hand hin und lacht.

Aron ergreift die Hand zögernd. «Heisse Aron», sagt er. Und lacht nicht.
Es ist ihm unbehaglich zumute. Aber er weiss nicht, warum.
Nora jedoch gesellt sich zu den beiden. Sie plaudert munter mit beiden auf einmal.
Paolo erzählt, dass er aus Brasilien kommt. Seine Eltern sprechen deutsch und portugiesisch mit ihm. Sein Vater hat hier eine Stelle angenommen. Deshalb sind sie hierher gezogen. Innert Kürze ist Paolo bei seinem Lieblingsthema. Das ist Fussball. Darüber weiss er unendlich viel zu erzählen. Es ist sein grosses Hobby. Er freut sich bereits auf die erste grosse Pause. Dann kann er mit den andern spielen.
Scheu ist er nicht.

Er erzählt, dass sein Vater in einer grossen Firma arbeitet. Diese schickt ihn immer wieder für eine Weile ins Ausland. So hat Paolo bereits einiges von der Welt gesehen.
Nora hört fasziniert zu. Alles, was Paolo erzählt, ist neu und spannend.
Aron bewundert diesen Jungen.
Aber ganz wohl ist ihm nicht dabei.

In der Schule ist Paolo anfänglich eher zurückhaltend. Er setzt sich in eine Bank und sagt nicht viel. In der Pause aber, als sich viele Kinder auf dem Pausenplatz zum Fussballspiel treffen, wird er sofort zum Mittelpunkt. Keiner kann mit einem Ball so geschickt und wendig umgehen wie er. Mit Leichtigkeit dribbelt er an allen vorbei bis vor das gegnerische Tor. Er wählt sich geschickt eine Ecke aus und schiesst präzise am Torwart vorbei ins Netz.
Keiner kann das so gut wie er.
Aron steht am Rand und schaut zu.
Er mag Fussball nicht besonders.
Das hat bisher niemanden gestört.
Es gibt genügend Kinder, die gern etwas anderes spielen in der Pause.
Jetzt aber wird Paolo zur Attraktion.

Von nun an holen beide Jungen Nora ab.
Auf dem ganzen Weg reden Paolo und Nora miteinander. Vor allem über Fussball.
In der Pause spielen immer mehr Kinder Fussball. Die andern schauen fast alle zu.

Bald beginnt auch Nora, Fussball zu spielen.
Munter kickt sie den Ball. Paolo freut sich darüber. Er bietet ihr an, am freien Nachmittag mit ihr auf dem Spielplatz vor der Siedlung zu trainieren.
«Kommst du auch mit?», fragt Nora Aron auf dem Heimweg.
«Nein, geht nicht», antwortet Aron, «muss heute in die Bibliothek.»
Aron geht öfters dorthin. Meistens kommt Nora mit. Die Kinder nehmen dazu den Bus. Der hält in der Stadt genau vor der Bibliothek.
Aron darf eigentlich nicht allein in die Stadt fahren. Wenn Nora nicht mitkommt, ist seine Mutter dabei.
Aber heute will Aron allein sein.
Er packt seine Bücher in eine Tasche und bittet seine Mutter um das Geld für zwei Buskarten. Sie denkt, er wolle heute seine Freundin zur Busfahrt einladen. Das hat Aron erwartet. Sie lächelt, fragt nicht weiter und gibt ihm das Geld für den Bus.
So kann Aron allein fahren, ohne dass er direkt hätte lügen müssen.
In der Bibliothek angekommen,

schlendert er durch die Regalreihen. Aron liest fürs Leben gern. Aber heute betrachtet er lustlos die vielen Bücher. Eine ganze Reihe Bücher sind auf einem Schautisch ausgestellt. Aron sieht ein Buch über Fussball. Er nimmt es in die Hand und blättert darin.
Aber das ist nicht seine Welt. Er spielt schon ab und zu Fussball. Aber er macht es nicht mit derselben Begeisterung wie die andern.
Aron legt das Buch auf den Tisch zurück und steuert auf seine Lieblingsecke zu. Da stehen die Bücher, die er liest. Bücher über Technik und Wissenschaft. Da fühlt er sich zu Hause.
Aron will Pilot werden.
Mit sicherer Hand nimmt er Bücher aus dem Gestell, die er bereits kennt. Es gibt zu seinen Lieblingsthemen viele Bücher. In der Kinderabteilung steht fast kein Buch, das er nicht schon einmal ausgeliehen hat. Er freut sich immer besonders, wenn die Bibliothek neue Bücher kauft.
Heute sucht er drei Bücher aus, ohne genau hinzuschauen. Er gibt die alten Bücher bei der Bibliothekarin zurück und lässt die neuen im Computer registrieren. Er spürt kein freudiges Kribbeln wie sonst.
Heute freut ihn eigentlich gar nichts.
Draussen sieht er, dass sein Bus noch lange nicht fährt. Da geht er die Strasse entlang bis zu Tonis Buchladen. Toni wohnt in derselben Siedlung wie Nora und Aron.
Er führt mit einem Freund einen kleinen Buchladen. Die Kinder besuchen ihn oft, wenn sie in der Bibliothek waren.
Heute ist schönes, warmes Wetter. Im Laden ist nicht viel Betrieb. Toni sieht gleich, dass mit Aron etwas nicht stimmt.
«Wo hast du Nora?», fragt er ihn.
«Zu Hause», brummt Aron. «Spielt Fussball. Mit dem Neuen in der Klasse. Mit Paolo.»
«Aha», sagt Toni. «Ist das der Junge, der auch neu in unserer Siedlung wohnt?»
«Ja, der», seufzt Aron.
«Und?», fragt Toni
«Nichts und», meint Aron. «Der ist jetzt einfach da. Und Nora findet ihn cool.»
Unglücklich setzt sich Aron auf einen Stuhl.
Toni setzt sich auch hin.
Er braucht nicht zu fragen. Aber er fragt trotzdem: «Und was ist für dich das Problem dabei?»

Er kennt dieses Thema.
Ganz aktuell.
Er kann Aron nur zu gut verstehen.

«Dass der so cool ist», sagt Aron. «Paolo ist genau so, wie alle es toll finden. Ich bin das nicht. Und Nora sieht nur noch diesen Paolo. Sie ist viel glücklicher mit ihm als mit mir. Ich bin für sie ganz unwichtig geworden.»

«Sagt sie das oder spürst du das nur?», fragt Toni.

«Sagen tut sie nichts. Und ohne Paolo ist Nora wie früher. Aber wenn er da ist, dann zählt nur noch er. Ich könnte mich daneben in Luft auflösen. Sie würde es nicht merken.»

«Das ist schwierig», sagt Toni. «Du warst bisher Noras bester Freund. Nun ist plötzlich noch jemand da.»

«Was soll ich denn tun?», fragt Aron. «Auch eine Baseballmütze aufsetzen und mit einem Fussball herumdribbeln?»

«Nein, Aron. Das würde ich nicht tun. Das kann Paolo wahrscheinlich besser. Du bist du. Bisher war es Nora wohl mit dir zusammen. Es kann sein, dass dies nach einer Weile wieder so oder ähnlich wird. Es kann aber auch sein, dass tatsächlich Paolo Nora mehr bedeutet. Das kann man jetzt noch nicht wissen», meint Toni.
Und macht selber ein unglückliches Gesicht.

«Nur wenn man cool ist, hat man Glück», murmelt Aron.

«Wenn das deine Ansicht ist, musst du noch viel über das Glück lernen», sagt Toni. «Wäre das so, gäbe es nicht viele glückliche Menschen. Cool sein können ist manchmal toll. Aber es ist nicht dort, wo das Glück wohnt.»

«Wo wohnt mein Glück denn sonst?», fragt Aron ungeduldig.

«Du wirst es herausfinden, Aron», sagt Toni.

«Falls du Nora wiedergewinnst, weisst du, wo dein Glück wohnt. Und wenn nicht, wirst du möglicherweise etwas Neues entdecken, das dich glücklich macht. Das ist meine Erfahrung. Obwohl, in der Zwischenzeit kann es ganz schön wehtun.» Toni seufzt. «Ich weiss, wie das ist», fügt er hinzu.
Und ein wenig fühlt sich Aron getröstet.

P. Rossi
Müller
GLÜCK
MALIČ
Izgül A.
Roth

Am nächsten Tag sitzen die Kinder in der Schule. Während der Stunde wird die Lehrerin aus dem Klassenzimmer gerufen. Die Eltern eines Kindes stehen vor der Türe. Ein Gespräch scheint dringend nötig zu sein. Schnell gibt die Lehrerin den Kindern eine Aufgabe, die sie für sich lösen sollen. Sie ermahnt alle, in Ruhe zu arbeiten. Sie komme zurück, sobald es ihr möglich sei. Anfänglich arbeiten alle an ihrem Text. Sie schreiben ihn ab und unterstreichen schwierige Wörter. Als die Ersten fertig sind, wird es unruhig in der Klasse.
Einige falten Papierflieger aus alten Übungsblättern. Diese lassen sie durchs Klassenzimmer segeln. Aron ist noch am Schreiben, als ein solches Flugzeug auf seinem Pult landet. Es überrascht ihn so sehr, dass er mit der Hand ausrutscht.

Ein hässlicher Strich zieht sich über die Heftseite. Wütend packt er den Papierflieger und wirft ihn achtlos durchs offene Fenster.
«He, du», ruft da eine Stimme mit leicht fremdländischem Akzent. «Das war mein Flieger. Hol ihn sofort zurück!»
«Hol ihn selber!», sagt Aron gereizt und beugt sich wieder über sein Heft.
«Nichts da!», ruft Paolo. «Du holst jetzt meinen Papierflieger zurück. Auf der Stelle!»
«Meinst du, ich springe für dich aus dem Fenster?», fragt Aron und schreibt ungerührt weiter.
«Nein, sicher nicht», meint Paolo mit höhnischem Unterton. «Das würdest du dich nie trauen. Ein Weichei, wie du es bist! Du kannst die Treppe nehmen. Dafür aber sofort!»
«Was hast du gesagt? Ich sei ein Weichei? Würde mich nicht trauen, aus dem Fenster zu springen?»
Aron schiesst plötzlich hoch.
Er eilt zum Fenster. Mit einem Schlag ist es still im Zimmer.
Aron beugt sich über das Fensterbrett und schaut auf den Platz. Er überlegt sich, ob er das schaffen könnte.
«Das traut sich der nie!», sagt Fabian, ein Freund von Paolo. «Der hat doch Schiss.»
«Sag ich ja», meint Paolo verächtlich. «Er muss ja auch gar nicht. Wäre viel zu schwierig für ihn.»
Aron klettert aufs Fensterbrett. Etwa drei Meter hoch liegt das Fenster über dem Platz.
Vorsichtig stellt er seine Füsse auf das äussere Fensterbrett. Er schaut hinunter und überlegt:
Wenn ich jetzt hinunterspringe, dann würde Nora das vielleicht toll finden.
Bestimmt würde sie das. Das ist so hoch über dem Boden. Das traut sich bestimmt nicht jeder.
Traue ich mich?

Wenn ich die Augen schliesse, ist es wie auf dem Sprungbrett im Schwimmbad.
Er schliesst die Augen.
Ja, so geht es. So traue ich mich zu springen.

«Tus nicht!», hört er plötzlich eine Stimme neben sich. Aron öffnet erstaunt die Augen. Neben ihm steht Enzo.
Enzo ist ein grosser Junge mit breiten Schultern. Er ist beliebt, weil er stets gute Laune hat. Er lässt sich durch fast nichts aus der Ruhe bringen. Fussball spielt er auch ab und zu. Dann steht er im Tor. Wenn er den Ball fängt, freut er sich. Wenn einer ins Netz geht, lacht er. Und niemand kann ihm deswegen böse sein.
«Tus nicht!», wiederholt Enzo.
Er steht nun neben Aron auf dem Fensterbrett und schaut mit ihm hinunter. «Es ist zu hoch. Komm, wir gehen zusammen den blöden Flieger holen.» Er zieht Aron vom Fensterbrett herunter ins Zimmer zurück und geht mit ihm zur Tür.
«Übrigens wollte ich dich etwas fragen», redet Enzo munter weiter. «Kannst du mir mit meinem Modellflieger helfen? Mein Vater hat mir einen aus Italien geschickt. Ich habe ihn zusammengebaut. Es ist dasselbe Modell, das du hast. Aber meiner fliegt nicht richtig.»
Enzo wächst allein bei seiner Mutter auf. Wie Aron.
«Ich kann ihn mir anschauen», sagt Aron. «Es kann verschiedene Gründe geben, warum er nicht richtig fliegt.»
Die beiden erreichen den Pausenplatz unter dem Schulzimmerfenster. Als Aron Paolos Flieger aufhebt, schaut er kurz nach oben. Dort steht Paolo mit ein paar Kollegen. Er spottet schadenfroh.
Hinter der Scheibe eines andern Fensters aber schaut Nora zu ihm hinunter. Sie lacht verschmitzt und winkt ihm mit einer Hand zu.
Aron hebt die Hand und lächelt.

Dann wendet er sich Enzo zu. Er erklärt ihm, aus welchen Gründen sein Modellflugzeug möglicherweise nicht richtig fliegt. Und wie man diese Mängel beheben könnte. Darüber kann Aron stundenlang reden.
Und während sie die Treppe hochsteigen, spürt er plötzlich, wo sein Glück wohnt.